LE

DROIT HUMAIN

ET LE

DROIT DIVIN

PAR

L. PAUL DUMAREST

Avocat à la Cour impériale de Lyon

LYON

IMPRIMERIE Vᵉ CHANOINE

PLACE DE LA CHARITÉ, 10

1867

LE DROIT HUMAIN

ET

LE DROIT DIVIN

LE

DROIT HUMAIN

ET LE

DROIT DIVIN

PAR

L. PAUL DUMAREST

Avocat à la Cour impériale de Lyon

LYON

IMPRIMERIE Ve CHANOINE

PLACE DE LA CHARITÉ, 10

1867

LE

DROIT HUMAIN

ET LE

DROIT DIVIN

L'auteur du petit travail qu'on va lire avait été invité à faire une conférence au palais Saint-Pierre de Lyon par la Société d'enseignement professionnel de cette ville, qui dispose de l'autorisation administrative à cet effet. Ce travail fait, l'auteur jugea qu'il était de nature à engager MM. les administrateurs de la Société dans une solidarité d'opinions qu'ils n'avaient point entendu assumer ; c'est pourquoi il s'abstint d'en faire l'usage pour lequel il l'avait composé. Il le publie aujourd'hui en lui conservant sa forme primitive, après l'avoir complété et y avoir ajouté quelques notes.

MESSIEURS,

Quand je fus sollicité de faire une conférence, j'hésitai d'abord à me rendre à l'honneur de cette invitation. Suffisait-il d'avoir à dire quelque chose d'utile ; ne fallait-il pas être quelqu'un, avoir un nom déjà signalé, une intelligence hors ligne, une instruction exceptionnelle, pour venir ainsi se poser devant le public et lui faire part de ses idées ? Je pensai toutefois, en y réfléchissant, que l'intérêt de ces entretiens résidait moins peut-être dans la manifestation de ces dons privilégiés, heureux et rare apanage de quelques esprits d'élite, que dans les services qu'ils pouvaient rendre à la vulgarisation de la vérité ; qu'ils avaient autre chose, sinon mieux à faire que d'être de simples passe-temps intellectuels et littéraires, c'était de devenir une sorte d'enseignement mutuel où chacun apporterait le fruit de ses études, de sa méditation, de son expérience ; de manière à faire entrer dans le domaine commun ces notions en si grand nombre, que tous ont avantage à posséder, et qui, pour la plupart, restent confinées dans la spécialité des professions.

Ainsi le médecin nous enseignerait, non les secrets de l'art de guérir, dans lequel il ne peut être suppléé, mais les préceptes de l'hygiène, c'est à-dire (méritoire abnégation) le moyen de nous passer de lui le plus possible, en conservant notre santé. Ainsi, l'avocat nous initierait, non aux rouages compliqués de la législation, dont l'étude lui est nécessairement réservée, mais à la connaissance des problèmes les plus importants du droit, auxquels nul ne peut être indifférent, puisqu'il n'est personne dont leur solution n'intéresse l'état, la liberté, la fortune. Ainsi l'architecte nous entretiendrait, non des détails techniques de la bâtisse, qui ne concernent que lui, mais des formes et conditions diverses qui peuvent produire la beauté monumentale, ce à quoi tout le monde prend plaisir. Et ainsi des autres. De sorte que l'on créât, pour me servir d'une expression moderne, comme un dock des idées générales, auquel chacun viendrait contribuer et puiser tour à tour.

Cette pensée me détermina, et je songeai d'abord à venir exposer ici quelqu'une des grandes questions juridiques qui ont rapport aux plus graves intérêts de chacun : la propriété, le mariage, les successions, etc. Puis, remontant de proche en proche jusqu'à la source d'où elles découlent, à l'idée mère qui les embrasse et les domine toutes, et songeant à la multitude des controverses qu'elle a suscitées et suscite encore tous les jours, je me dis qu'il y aurait peut-être utilité à vous entretenir de cette idée elle-même, à rechercher avec vous ce qu'est au juste cette chose tant débattue et si ignorée, si simple et si compliquée, si apparente et si cachée, que tout le monde connaît, dont tout le monde dispute, et dont le nom invoqué par tous les âges, est comme le frontispice à la fois éclatant et mystérieux du livre de l'humanité : LE DROIT.

J'en parlerai en termes simples, ce qui doit être compris de tous devant s'énoncer dans un langage accessible à tous.

Qu'est-ce que le droit ?

Chacun de vous, sans doute, le sent confusément en lui-même ; mais chacun pourrait-il traduire bien nettement cette intuition autrement que par ses actes ? Comment le feriez-vous, puisque les philosophes et les juristes eux-mêmes se débattent ici en pleine contradiction, en pleine obscurité, en plein chaos (1).

<hr>

(1) Voici quelques-unes des innombrables définitions que les théoriciens du droit en ont données :

Aristote : La justice est cette qualité morale qui porte les hommes à faire des choses justes. Le juste est ce qui est conforme à la loi et à l'égalité.

Spinoza : Le droit est la puissance que nous avons sur la nature, et qui est limitée arbitrairement par l'État.

C'est merveille de voir à quel point les *abstracteurs de quintessence* ont su recouvrir des broussailles métaphysiques une notion aussi claire et aussi simple que celle de notre existence même. Quant au vulgaire, il ne s'occupe guère de raisonner sur ce qu'il sent. Le fonctionnement régulier de notre être s'accomplissant, en quelque sorte, à notre insu, ne provoque point nos réflexions. Cette indifférence naturelle d'un côté, la manie du jargon philosophique de l'autre, empêchent la pleine intelligence d'un phénomène qui est le fondement même de la société ; si bien que pour la masse des gens

Hobbes et *Bentham* : Le droit est l'intérêt que nous avons à une chose.

Grotius : Le droit est la faculté de faire tout ce que ne rend pas impossible l'état social.

Wolff : Agis toujours de telle sorte que ton action puisse être regardée comme comprise dans la série des choses naturelles ordonnées par Dieu, et travaille à faire entrer toi-même et autrui dans ces lois.

Krause : Le droit est la faculté d'exiger tout ce qui est nécessaire à l'accomplissement de ma destinée.

Jules Simon : Le droit est la faculté de faire ce que prescrit le devoir ; le devoir est la volonté de Dieu en toutes choses.

Oudot ; Le droit : Direction de la liberté par l'intelligence. *Le devoir* : Idée de la direction à donner à la liberté, afin d'arriver à un but dont la perspective lui est montrée comme cause impulsive ou finale. *La justice* : Accord de l'amour de Dieu et du prochain avec une certaine défiance de l'amour de soi-même.

M. de Lourdoueix : Le droit est la ligne la plus courte, qui va de la raison de Dieu à la raison de l'homme.

Quel galimathias double et triple !

Et M. Proudhon lui-même, à qui nous empruntons ces citations, est-il aussi clair qu'on pourrait le désirer, lorsqu'il définit à son tour la justice : Le respect spontanément éprouvé et réciproquement garanti de la dignité humaine, en quelque personne et dans quelque circonstance qu'elle se trouve compromise, et à quelque risque que nous expose sa défense.

du monde, et même pour bon nombre de ceux qui sont chargés de l'interpréter et de l'appliquer, l'idée du droit n'est guère autre que celle-ci : *Le droit, c'est ce qui est écrit dans un gros petit livre qui s'appelle le Code*.

Cette ignorance et cette confusion ne sont pas un mince argument en faveur de ceux qui, ayant intérêt au privilége, ont imaginé de l'ériger en système social, sous le nom de système de l'AUTORITÉ. Le système de l'autorité est aussi vieux que le monde, quoiqu'il y ait surtout fleuri depuis l'établissement du christianisme. Seulement, comme le monde, depuis trois quarts de siècle, en était un peu déshabitué, cela, dans les derniers temps, a semblé neuf. Que n'a-t-on pas dit et écrit depuis quinze ans sur le grand principe d'autorité ! Mais tout s'use, et la chose est aujourd'hui tellement rebattue, que M. Prudhomme lui-même commence à s'en dégoûter.

Ce système de l'autorité, quel est-il ?

Un écrivain moderne, M. de Maistre, en a donné la théorie avec une franchise et une intrépidité de logique qui ont mérité à son livre *Du Pape* de devenir célèbre entre tant d'autres ouvrages du même genre. Jamais plus éclatant défi n'avait été porté au sens commun ; jamais pareil outrage n'avait été fait à la dignité humaine.

De Maistre, argumentant du dogme chrétien de la chute, soutient que l'homme est par état de nature méchant, pervers ; partant, incapable de se diriger par lui-même ; que Dieu a établi au dessus de lui, pour le gouverner, les princes ; et au dessus des princes, le pape, seul infaillible, c'est-à-dire seul représentant authentique de la justice, dont la réalité réside en Dieu seul. Les princes font naturellement assez bon marché du système, en ce qui concerne le pape, mais ils le trouvent bien en-

tendu parfait pour ce qui les intéresse. La conséquence, vous le comprenez, c'est le pouvoir absolu,
le bon plaisir; et de Maistre ne marchande pas
avec la logique.

« Les rois ont un certain tact intérieur, un cer-
« tain instinct qui les conduit souvent mieux que le
« raisonnement de ceux qui les entourent. Je suis
« si persuadé de cette vérité, que dans toutes les
« choses douteuses je me ferais toujours une diffi-
« culté, une *conscience* même, s'il faut parler clair,
« de contredire trop fortement, même de la manière
« permise, la volonté d'un souverain. Après qu'on
« leur a dit la vérité, comme on le doit, il ne faut
« plus que les laisser faire et les aider. »

Les aider même dans une chose que l'on con-
damne ! Il ne se peut rien de plus précis et de plus
formel.

Votre sens intime proteste et se soulève contre
cette doctrine de servilité et d'abjection. Cette doctrine cependant, non pas ainsi exposée toute nue
et dans cette lumière violente, mais recouverte d'un
voile discret par un mysticisme plein d'onction, elle
glisse, s'insinue, pénètre en tous lieux; vous la
coudoyez à chaque instant sans l'apercevoir, et tel
au fond n'en a pas d'autre, qui se dit et peut-être
se croit libéral.

Quoi de plus commun, en effet, que d'entendre
dire : Point de morale hors de la religion ; la religion seule révèle à l'homme ses devoirs et fait pé-
nétrer dans son cœur un rayon de la divine justice.
Privé de cette lumière secourable, il demeure sans
guide, sans direction, et il erre à l'abandon, livré
comme une proie au dérèglement de ses appétits
et de ses passions.

Cela, messieurs, se dit partout, dans la chaire,
dans le salon, au foyer de la famille, dans les man-

dements, dans les journaux, dans les livres (1).
Bien mieux, cela est dans le bon ton, et il est du
dernier mauvais goût d'y contredire. Du reste, on
ne tire aucune conséquence. Mais laissez faire ; la
conséquence se tirera d'elle-même. Dès lors que
l'homme est déclaré incapable de concevoir par lui-
même la justice, il faudra bien que quelqu'un ait
commission de Dieu pour la lui imposer. Ce quelqu'un, logiquement, ce sera le prêtre. A qui vous
accordez le gouvernement des consciences, nulle
raison valable de refuser le gouvernement des intérêts. Si ce n'est le prêtre, ce sera le prince, avec
la consécration et sous l'influence du prêtre, et
toute restauration monarchique sera en même temps
une restauration religieuse.

. . . .

Vous comprenez maintenant de quelle portée et
de quelle importance est le problème du droit. S'il
est une vérité évidente, c'est que la société ne peut
exister sans une règle. Cette règle sera le DROIT
DIVIN ou le DROIT HUMAIN, car une troisième
hypothèse ne saurait se concevoir, et entre ces deux
extrêmes il n'y a de place que pour le scepticisme,
c'est-à-dire pour le néant.

Le scepticisme n'est pas une doctrine, c'est une
infirmité ; c'est pis que cela, c'est le suicide moral.
Les sceptiques sont ceux qui, s'étant affranchis du
joug de la superstition, n'ont pas su se faire une foi
nouvelle, et sont restés séparés de la vérité par les
habitudes d'un monde où le privilége subsiste, au
moins à l'état de regret et de tendance, par les pré-

____

(1) *Histoire de Sibylle*, par M. O. Feuillet, académicien,
homme du monde, homme d'esprit, écrivain fort goûté des
salons. C'est le développement de la maxime : *Hors de l'é-
glise, point de..... mariage.*

jugés de caste, le raffinement des mœurs, et aussi par un certain énervement de leur âme, résultat d'une éducation délétère. Ce sont ceux-là qui, ne croyant plus à la religion, disent qu'*il faut une religion pour le peuple* En effet, comme ils n'aperçoivent d'autre loi que l'égoïsme, le peuple nombreux, pressé, farouche, le peuple avec sa force irrésistible, ne peut leur apparaître que comme une bête fauve qu'il faut tenir à la chaîne, et si la religion n'est cette chaîne, où la trouver ! Quant à eux, la politesse et les usages de la bonne compagnie leur tiendront lieu de règle, et ne craignez pas qu'ils commettent jamais quelqu'un de ces délits réservés aux gens mal élevés ! Ils ne déroberont pas un portefeuille, ne dévaliseront pas un coffre-fort... En revanche, ils tripoteront à la Bourse, exploiteront sans scrupule des actionnaires naïfs, ne rougiront pas de s'engraisser d'une sinécure. Du reste, bons convives, causeurs agréables, jamais indignés, toujours souriants, raillant tout sans fiel... les vieilles recettes, car ils ne veulent point passer pour arriérés, et les boniments nouveaux, car ils ne veulent point passer pour dupes... Au demeurant, les meilleurs compagnons du monde.

Eh bien ces hommes, sous leur vernis d'élégance et de civilisation, ces hommes sont féroces !... féroces comme l'égoïsme sans frein, et la convoitise déchaînée. Ce sont eux qui forment le cortége de toutes les usurpations ; ce sont eux qu'on voit prôner tous les régimes, prêter tous les serments, servir tous les maîtres... et les mépriser; n'ayant en toutes choses qu'un Dieu, le succès ; qu'un but, la jouissance.

Ai-je besoin de dire l'aversion et l'horreur que je ressens en face de ce qui n'est pas même une aber-

ration de l'esprit, mais un rachitisme de l'âme. Ah !
plutôt que cette stupide sujétion aux caprices du
hasard et à l'insolent empire de la force, mieux vaut
mille fois une doctrine qui dégrade l'homme, mais
qui, du moins, le discipline et le modère. Je l'ai
déjà dit, il faut une règle ; cette règle sera le droit
divin ou le droit humain.

Sans doute entre ces deux pôles opposés, entre
ces deux termes ennemis, la vie sociale présentera
une foule de combinaisons intermédiaires, qui par-
ticiperont à la fois de l'un et de l'autre. Les croyances humaines, par cela même qu'elles se combat-
tent, se pénètrent, se mélangent, s'amalgament.
Mais la logique, qui est la loi de gravitation des
idées, tend sans cesse à les ramener dans leur
orbite (1), et c'est pourquoi, après soixante ans et
plus de compromis, d'accommodements, de fusions,
la lutte est encore aussi vive qu'au premier jour
entre le droit divin et le droit humain.

Il faut donc choisir et l'Eglise a le droit de nous
mettre en demeure. Si nous ne pouvons trouver
notre règle en nous-mêmes, il faut de toute nécessité nous courber sous le joug du droit divin. Point
de milieu logique : ou libres-penseurs ou sujets de
l'Eglise. Si nous ne pouvons avoir l'orgueil de l'être
libre et souverain, sachons du moins avoir la rési-
gnation de l'esclave.

(1) Témoin, l'affaire Martin Paschoud et Athanase Coquerel, et la scission qui s'est manifestée à cette occasion au
sein de l'Eglise réformée de Paris. Le protestantisme a été
une transaction entre la souveraineté de la conscience et
l'autorité de la révélation. Or, voilà que l'affinité des idées
opérant, le protestantisme se dissout, et que les deux élé-
ments opposés qui le constituaient se séparent, pour tendre
chacun vers leur pôle d'attraction naturel : que MM. Paschoud et Coquerel donnent la main à la libre pensée et à
la morale indépendante, et que M. Guizot se fait le cham-
pion du pouvoir temporel des papes.

Voilà le problème posé, son importance mise en lumière, essayons maintenant de la résoudre.

Un simple coup d'œil, jeté sur l'histoire, nous montre que la justice n'a point attendu pour paraître dans le monde que le dogme de la chute et de la révélation y eût fait son entrée. Nous avons hérité de la jurisprudence romaine ce code dont nous sommes si fiers. Ce code, en tout ce qu'il a d'essentiel, était en vigueur deux mille ans avant qu'on en fît honneur au génie de Napoléon, et il n'est pas rare aujourd'hui encore de voir interroger devant nos tribunaux les oracles de la sagessse prétorienne. Quant à la noblesse des caractères et à la dignité de la vie, n'est-ce pas encore l'antiquité qui nous fournit les plus beaux exemples, et le païen Plutarque n'est-il pas toujours le meilleur instituteur de la jeunesse ? La conscience de Solon, Socrate, Platon, Miltiade, Aristide, Périclès et tant d'autres n'est pas, que je sache, inférieure à celle des saints de notre martyrologe. Cicéron ne fait pas moins d'honneur à l'humanité que Bossuet ; Juvénal est, je pense, égal en valeur morale à **M.** Veuillot, et Tacite à **M.** Dupanloup.

Cette simple constatation historique suffit à nous démontrer d'une manière irrécusable que la justice n'est pas le résultat d'une révélation divine, mais bien le produit d'une faculté de la nature humaine, faculté qui, sauf les degrés divers de la civilisation, est la même dans tous les temps et dans tous les lieux. C'est cette faculté qu'il s'agit d'observer, dont il faut étudier le fonctionnement, afin d'en affirmer la réalité, et de résumer sous une formule générale ses diverses manifestations.

En examinant attentivement ce qui se passe en nous, à l'occasion de nos rapports avec nos semblables, nous sommes amenés à constater que chacun de ces rapports est soumis, dans notre for intérieur, à un contrôle, puis à un commandement, et que les intimations multiples ainsi observées se réduisent toutes à cette règle générale : *respecter la personne d'autrui, sa propriété, sa dignité*. La faculté qui produit en nous ce contrôle et ce commandement s'appelle la *conscience*. Elle s'exerce spontanément, indépendamment de toute action extérieure, et je n'ai besoin d'aucun secours de la grâce naturelle, surnaturelle, efficace, suffisante, médiate ou immédiate pour savoir que je ne dois point m'emparer de ce qui ne m'appartient pas, que je ne dois tuer, blesser ni injurier personne.

L'existence du crime ne prouve rien contre la conscience, elle prouve seulement que l'homme contrevient parfois à ses injonctions ; même celle du crime inconscient, car il peut y avoir des consciences difformes de même qu'il y a des corps difformes, sans que le type de l'une ni de l'autre en soit altéré. Nier la conscience parce que le crime existe, ce serait nier la santé parce qu'il y a des infirmes, et la beauté parce qu'il y a des monstres,

Plus les rapports de l'homme avec l'homme se multiplient, plus la société croît, grandit, se développe ; plus la conscience humaine acquiert d'énergie, de délicatesse et de précision. Cet affinement de la conscience est ce qu'on appelle *civilisation*. Au contraire, plus l'homme baisse vers la barbarie et l'isolement, plus sa conscience est faible, grossière, obtuse. A l'état sauvage, elle se distingue à peine de la sympathie purement animale.

Par cette décroissance graduelle et enfin cette réduction de la conscience à ce que je viens de nommer sympathie, nous apercevons qu'elle est identique dans son essence à cette sympathie elle-même, laquelle n'est autre chose que la grande loi de conservation de toutes les espèces animées, le frein au moyen duquel la nature , à tous les échelons de la création , modère et neutralise l'impulsion destructive des individus. Plus ou moins vague et latent chez les animaux, ce principe de sympathie parvient dans l'homme à son éclosion la plus complète sous le nom de *sociabilité*; et il produit en lui non seulement le sentiment de la justice, mais encore, en quelques individus d'élite , cette fleur rare qu'on nomme *abnégation, dévouement, sacrifice, charité*. La charité est donc puisée à la même source que la justice; j'appellerai, si vous voulez me passer ces termes un peu pédantesques, la justice, de la sympathie répressive, la charité, de la sympathie impulsive.

Il y a dans deux passages du *Don Juan* de Molière, le plus grand de nos écrivains, parce qu'il en est le plus humain, une vive intuition de cette loi de sympathie. C'est lorsque Don Juan donne au pauvre qui l'implore au nom de Dieu une pièce d'or, en lui disant :

« Va, va, je te la donne pour l'amour de l'humanité. »

Puis, qu'un instant après, il vole au secours d'un homme attaqué par des assassins, et remercié par celui qu'il vient de sauver, lui répond ces simples mots :

« Je n'ai rien fait, Monsieur, que vous n'eussiez fait en ma place. »

Deux traits bien courts !... Deux éclairs, qui dans leur rapide lueur, nous découvrent toute la loi de l'humanité ! Pourtant Don Juan est un scélérat. Il a bien fallu que Molière le fît tel pour rester orthodoxe. Mais qui n'aperçoit ici le philosophe derrière

le masque du libertin ! Qui n'entend sous le couvert
de ses vices d'emprunt la protestation la plus nette
et la plus hardie contre le dogme de l'indignité humaine !

De ce qui précède, nous pouvons déduire la définition du droit :

*Le droit est la règle des rapports de l'homme
avec ses semblables donnée par la conscience. Cette
règle consiste à respecter la personne d'autrui, sa
propriété, sa dignité.*

Le problème, en toute matière de législation, con-
sistera donc à déterminer entre les volontés parti-
culières le point où elles se font équilibre. Dès que
l'une commence à prévaloir sur l'autre, il y a injustice. Il n'y a donc qu'un point de droit comme il n'y
a qu'un point d'équilibre entre deux forces rivales ;
ce qui revient à dire que le droit est fixe, absolu, in-
variable, supérieur aux faits, indépendant des usages, conventions et usurpations.

La définition que je viens de donner revient à la
moitié de la maxime évangélique : *Ne faites pas à
autrui ce que vous ne voudriez pas qui vous fût fait.*
L'autre moitié est relative à la charité : *Faites
à autrui ce que vous voudriez qui vous fût fait.*
Cette maxime, prise dans son ensemble, expri-
merait assurément, de la manière la plus simple et
la plus sensible, l'idéal que nous devons nous pro-
poser dans notre conduite vis-à-vis du prochain, si
elle n'avait le double inconvénient de mettre sur la
même ligne obligatoire la justice et la charité, le
devoir et le bienfait, et de paraître donner à l'une
et à l'autre un fondement égoïste en ramenant l'observation de ce qu'elle prescrit au calcul de la réci-
procité ; ce qui est précisément le contraire de la

2

vérité, puisque la sympathie est précisément l'opposé de l'égoïsme.

Je viens de me servir du mot *devoir*. Sa définition se tire de celle du droit. Le devoir est *l'obligation que nous impose la conscience de respecter le droit*. La faculté, pour chacun, de réclamer des autres ce respect, en ce qui le concerne, est ce qui constitue *son* droit.

Le mot *droit* a donc deux sens : un sens impersonnel, dans lequel il est synonyme de *justice*, et désigne la règle, abstraction faite du sujet en qui elle se personnifie ; un second, personnel, dans lequel il signifie la faculté qu'a chacun d'exiger qu'on respecte la règle à son égard, comme il est tenu de la respecter à l'égard des autres.

Deux remarques pour compléter cette théorie succincte du droit :

Premièrement, la définition que je viens de donner ne comprend pas les devoirs de famille. En effet, ces devoirs ne procèdent pas du même sentiment que nos devoirs envers le reste de nos semblables, et, par conséquent, ne peuvent rentrer sous la même formule. Le sentiment de la famille est un sentiment à part, qui n'est ni la sympathie ni l'égoïsme, qui peut-être est l'un et l'autre, et qui, à sa perfection, résume en effet la puissance de l'un et de l'autre. De ce sentiment distinct naissent des devoirs particuliers, dont la recherche ne rentre pas dans le cadre de cette étude.

En second lieu, la règle du droit, telle que je viens de l'énoncer, ne s'applique qu'à nos rapports avec nos semblables, et non aux actes qui n'intéressent que nous. Il est clair, en effet, que le principe de sympathie n'a rien à voir avec ce qui est du ressort exclusif de l'individu. En résulte-t-il que les actes de cette dernière catégorie ne soient soumis à aucune loi ; qu'ils ne relèvent que du caprice des inclinations et du dérèg'ement des instincts; qu'il n'y ait pas, en un mot, une règle des mœurs individuelles, comme il y a une règle des mœurs sociales, qui est le droit ? Nullement La loi de l'individu, c'est le bonheur. C'est une illusion commune de le chercher dans l'assouvissement des passions, et c'est une expérience commune de s'apercevoir, quelquefois un peu tard, qu'il ne se rencontre que dans la modération des jouissances, la plénitude de la santé physique et morale, le développement des plus nobles de nos facultés, et surtout de la charité. « *Il n'y a pas de plaisir plus vif*, dit La Bruyère, *que de rencontrer les yeux de celui qu'on vient d'obliger.* » Pensée aussi belle et délicate qu'elle est vraie.

Ainsi se concilient l'individu et la société, ces deux termes au premier coup-d'œil antagoniques, et le bonheur d'un seul avec le bonheur de tous.

La règle des mœurs de l'homme, soit individue les, soit sociales, c'est ce qu'on appelle *sa morale* ou simplement *la morale*. Cette règle n'est autre que le bonheur, non le bonheur consistant uniquement dans la satisfaction de nos sens, mais le bonheur résultant de l'accord et de la conciliation de toutes les facultés dont se compose la nature humaine. La morale est au droit ce que le tout est à la partie. Elle envisage l'homme sous tous ses aspects, comme individu et comme être social Le droit, au contraire, le considère uniquement sous ce dernier rapport.

Voilà, messieurs, esquissée dans ses lignes principales, la théorie de la conscience ou DROIT HUMAIN, opposée à celle de la révélation ou DROIT DIVIN Cela, si je ne m'abuse, est simple, clair, facile à comprendre ; grande marque de vérité. Mais la tâche que je me suis proposée resterait imparfaitement remplie et les principes que je viens d'exposer mal assurés dans vos esprits, si, après vous avoir indiqué la loi, je ne vous parlais de sa *sanction*. Je dois le faire d'autant plus que dans cette idée de sanction se puise une des objections les plus considérables et les plus souvent renouvelées contre le système du droit humain.

Toute loi, disent les adversaires de ce système, doit, à peine de cesser d'être loi, avoir une sanction. Or, nulle sanction à votre droit humain ; nulle nécessité pour l'homme de s'y conformer ; nulle peine inévitable pour qui le viole, nulle récompense certaine pour qui l'observe. Force est donc d'en revenir à l'idée d'un Dieu juge de nos actions ; d'un Dieu distributeur de récompenses et de châtiments ; d'un Dieu, en un mot, garant de l'efficacité de la loi.

Si à cela se réduisait la portée de l'objection, il n'y aurait guère d'autre intérêt à la réfuter que celui de la rectitude des idées ; car rien ne s'oppose. du moins à première vue, à ce que l'on admette à la fois l'existence des peines et des récompenses de l'autre vie, et la communication directement faite par Dieu à chaque homme de sa loi ; ce qui revient à la souveraineté de la conscience et au droit humain.

C'est là, en effet, ce que pensent plus ou moins confusément, ce que disent en termes plus ou moins vagues, une foule de gens du monde, qui répugnent aux philippiques épiscopales et au dogmatisme suranné des encycliques. Cela s'appelle : *déisme*, *religion naturelle*, *éclectisme*..., faibles ruisseaux dérivés du grand courant de la révélation, mais qui ne cessent de couler sur la pente commune de la croyance au surnaturel, c'est-à-dire de la foi, et qui, par là, vont bientôt rejoindre le lit et s'y confondre de nouveau.

Qu'arrive t-il, en effet, dès que vous admettez le dogme des récompenses et des peines? C'est que vous êtes dans la nécessité de reconnaître que Dieu a dû donner à l'homme connaissance pleine, entière et complète de la loi dont il lui impose l'observation; sans quoi votre sanction devient à l'instant une horrible injustice. C'est le principe le plus élémentaire de la justice qu'on ne peut être tenu d'exécuter une loi que dès le moment qu'on la connaît. C'est parce que tout le monde est censé connaître les décisions législatives en vertu de la promulgation qui en est faite, que tout le monde est obligé de s'y conformer, sous peine d'y être contraint. Or, comme les manifestations de la conscience humaine sont loin de se présenter avec un caractère absolu de fixité, de précision, de clarté; comme elles sont sujettes à l'erreur, à la discussion, au changement et au progrès, toutes choses que ne peut évidemment comporter la promulgation divine, force est bien de chercher ailleurs cette promulgation indispensable; et si ce n'est dans la conscience, ce ne peut être que dans la révélation extérieure. Du reste, le sentiment non moins que la logique, ramène inévitablement à ce terme; car, à la vue de l'immense péril dont il est menacé, l'homme tremblant, éperdu, court de lui même chercher un abri sous la sauvegarde de l'Eglise.

Vous le voyez donc, la croyance aux peines et aux récompenses ultra-terrestres aboutit en dernière analyse, non moins que la doctrine de la révélation, à la négation du droit humain. Si le droit humain est une vérité, il faut que cette croyance soit une erreur, et nous nous retrouvons en face du problème primitivement posé

La solution, si je ne m'abuse, en est facile. Nous la trouverons dans une détermination exacte

de ce qu'il faut entendre par ces mots : *loi morale
et sanction*.

On appelle *loi* dans le sens le plus général du
mot, toute cause en vertu de laquelle un phénomène se produit. Tout a sa loi dans la nature,
puisque rien ne peut se produire qu'en vertu d'une
cause. Ainsi la cause en vertu de laquelle un corps
tombe, c'est la loi de la pesanteur; la cause en
vertu de laquelle il se dilate ou se condense, la loi
du calorique ; en un mot, on désigne sous le nom
de lois physiques les manifestations diverses de la
force vraisemblablement unique, mais encore in-
connue dans son essence, d'où tous les objets exis-
tant dans la nature, reçoivent leur impulsion. Le
caractère des lois physiques est d'être fatales, et
par cela même dépourvues de sanction, car la sanction étant ce qui est destiné à assurer l'exécution
de la loi, suppose par cela même la possibilité pour
le sujet de la loi de se dérober à cette exécution.

Voyons maintenant ce qui se passe pour les êtres
doués de vie et d'abord pour les animaux. Je laisse
de côté cette série intermédiaire d'êtres qui forment
ce qu'on appelle le règne végétal, qui naissent, se
transforment et meurent, sans toutefois que la vie
proprement dite se révèle encore en eux, et qu'il
n'est pas possible de distinguer, au point de vue
des idées qui nous occupent, des objets inorgani-
ques. La vie n'est-elle autre chose qu'une manifestation particulière de cette force cachée dont je
parlais tout à l'heure, source supposée, probable, de
tous les phénomènes de la nature ? Une parenté
mystérieuse relie-t elle entre eux tous les êtres ?
C'est ce que la science ne permet pas, ce qu'elle ne
permettra peut-être jamais d'affirmer. Nous ne con-
naissons de la vie que les indices extérieurs qui

nous décèlent sa présence ; ces indices sont la faculté de sentir et la faculté de se mouvoir. De la sensibilité naissent les besoins qui sont la cause des mouvements. Autrement dit, la satisfaction de ses besoins, c'est-à-dire le bonheur, tel est la loi de l'animal. Chez les animaux proprem nt dits, je veux dire chez les animaux autres que l'homme, les besoins sont à peu près bornés à la conservation et à la reproduction. La connaissance des actes en petit nombre qu'il doit accomplir pour y pourvoir est fournie à l'animal par une perception intérieure que nous appelons instinct, et dont le caractère est d'être par elle-même certaine, complète, de ne rien tenir de l'expérience, de n'être ni susceptible de perfectionnement, ni capable d'erreur (1). L'animal ne change pas, ne se modifie pas ; il ne devient pas en vieillissant plus sage qu'il n'était dans sa jeunesse; sa seule vicissitude est celle de l'énergie vitale qui, au sein de son organisme, s'éveille, croît, dépérit et meurt ; quant à la connaissance qu'il a de sa loi, c'est-à-dire son instinct, il n'augmente ni ne diminue ; il est complet dès sa naissance, et l'oiseau, du moment qu'il s'élance hors du nid, sait tout ce qu'il doit savoir, tout ce qu'il saura jamais. Par cela même qu'il a la connaissance complète de sa loi, l'animal est dans l'impossibilité d'y manquer; car il serait contradictoire et absurde qu'un être pût sciemment accomplir un acte contraire à son bonheur. La loi nous apparaît donc pour l'animal, de même que pour les objets inanimés, fatale, non

---

(1) Ceci n'est pas absolument vrai, et il n'est pas aisé de marquer dans certains animaux la séparation de l'instinct et de l'intelligence. Cela tendrait à prouver que l'échelle des êtres n'est pas interrompue, et que des uns aux autres il n'y a peut-être que les modifications successives du même principe. On conçoit, au reste, que nous devions nous borner ici aux généralités.

susceptible de violation, et comme telle encore, dépourvue de sanction.

Mais voici l'homme ! c'est-à-dire un être en qui la sensibilité infiniment plus développée que dans l'animal, enfante des besoins infiniment plus multipliés. Le besoin de se conserver et de se reproduire est toujours chez lui en première ligne ; mais, à côté de celui-là, il en existe une foule d'autres correspondant à l'affection sous toutes ses formes, au désir illimité des jouissances, au sentiment du beau, du juste, du vrai. Quelle sera la loi de ce nouvel être? Encore et toujours son bonheur, la satisfaction de ses besoins de toute nature. Pour l'homme, comme pour l'animal, un autre principe impulsif ne peut se concevoir. Pas une seule de nos actions qui n'ait pour cause la satisfaction d'un besoin, c'est-à-dire notre bonheur ; et si quelques-unes d'entre elles semblent en opposition avec ce que nous appelons intérêt personnel, c'est que, ainsi que je l'ai déjà dit, le dévouement, l'abnégation, le sacrifice, sont aussi des besoins de notre nature.

Si l'homme avait, comme l'animal, l'intuition infaillible de sa loi, il ne serait pas plus en son pouvoir qu'il n'est en celui de l'animal de se soustraire à son accomplissement ; car il est absurde, encore une fois, de supposer un être agissant avec connaissance de cause en sens inverse de son bonheur. Mais telle n'est pas la nature de l'homme, et l'instinct borné mais sûr de la bête fait place en lui à une faculté nouvelle, instrument merveilleux et néanmoins imparfait, qui fait, à la fois, sa gloire et son infirmité. L'homme est *intelligent*. Par *l'intelligence*, l'homme juge le monde extérieur et lui-même; par cela seul qu'il juge, il se trompe ; par cela seul qu'il se trompe, il se corrige et progresse.

Dans l'évolution de cette faculté, l'erreur est le
début, la vérité le terme, l'expérience le chemin qui
mène de l'une à l'autre. L'homme ne connaît pas la
vérité ; il l'apprend, ou plutôt la conquiert sur la
nature et sur lui-même. D'abord atôme perdu au
milieu des forces extérieures qui l'environnent et le
dominent de toutes parts, bientôt il s'en rend maître
et les façonne en esclaves soumises au joug de sa volonté. Bien plus, il réforme cette volonté même, et,
du machinal assouvissement de la brute, il s'élève degrés par degrés à la conception de la félicité supé
rieure qui fait sa loi. Ainsi l'homme, à la différence
de l'animal, peut contrevenir à sa loi ; il peut y
contrevenir, parce qu'il peut l'ignorer et la mal juger ; à proprement parler, il ne la viole pas, il la
méconnaît ou il l'oublie. Chacune de ses actions
est précédée d'une délibération plus ou moins rapide de son intelligence, et toute action mauvaise
n'est que le résultat d'un choix erroné. Ce qu'on
appelle LIBERTÉ dans l'homme n'est donc, en dernière analyse, que la faculté qu'il a de se tromper.
Si son intelligence était parfaite, sa liberté n'existe-
rait pas ; Il ferait le bien nécessairement, fatalement.
Et la preuve de cette vérité si importante, dont les
conséquences vont tout à l'heure vous apparaître,
c'est que dans l'être qu'on suppose doué de l'intelligence absolue, c'est-à-dire DIEU, la liberté ne saurait se concevoir, et que personne ne l'y a jamais
conçue. Dieu n'est rien, ou il est la fatalité du bien !

Telle est, embrassée, ou, pour mieux dire, en-
trevue dans ses aperçus les plus généraux, la nature
morale de l'homme. Cela toutefois, si je ne me
trompe, est suffisant pour nous permettre de résoudre le problème de la sanction.

D'abord nous sommes, dès à présent, en mesure

d'affirmer que la sanction religieuse est doublement contraire à l'idée que nous nous faisons de toute sanction, qu'elle est à la fois inutile et injuste.

Inutile :

Puisque, intervenant à un moment où la destinée de l'homme est irrévocablement fixée, elle ne lui apprend pas, ou lui apprend trop tard, ce qu'il devait faire pour atteindre le bonheur ; puisqu'elle lui révèle sa loi au moment où il lui devient inutile de la connaître ; puisqu'elle est semblable, en un mot, à une loterie dont nous avons les billets, sans qu'il nous soit possible de rien faire à l'avance pour nous assurer la chance favorable.

Injuste :

D'abord quant à la récompense. L'homme exécutant nécessairement sa loi du moment qu'il la connaît, et cette connaissance ne dépendant pas de sa volonté, comment concevoir que l'acte par lequel il l'exécute, c'est-à-dire par lequel il tend à son bonheur, mérite un salaire autre que ce bonheur même ? Est-il un seul d'entre vous qui ne rougît d'accepter la récompense honnête promise par le crieur public à qui rapportera les objets perdus ! Tout prix offert à la vertu la déshonore et la fait descendre au rang de la spéculation. Que ce prix soit la béatitude des élus ou une prime académique, on aura beau raisonner, cela ne change rien au fond des choses. Si l'idée du mérite par l'observation de la loi est juste, il faut la suivre jusqu'au bout. Il faut placer à côté de nous, dans le paradis, ces humbles et patients auxiliaires de notre existence, qui passent la leur courbés sous le despotisme de nos caprices, le chien, le cheval, le bœuf, l'âne ; il faut, pour ne parler que des hommes, et pour conformer leur justice à celle de Dieu, récompenser tous ceux qui ne comparaissent pas en cour d'assises. Cette idée n'est-elle pas au fond de l'institution des prix de vertu ? On donne des prix au dévouement ? Pourquoi pas à la probité ? Serait-ce qu'elle n'a pas besoin d'être encouragée ? Pourquoi ces couronnements de rosières ? Ceci, du moins, excite la risée. Mais pourquoi, dans nos pensionnats et dans nos lycées, ces insignes, précoce apprentissage de la vanité, ces mentions d'honneur accordées à l'élève dont la conduite a été la plus exemplaire ? Ainsi, dès l'enfance, on nous fait un sujet d'orgueil et un titre de distinction du simple accomplissement du devoir ! Dès l'enfance, on nous accoutume à respirer cette croyance que la soumission à la règle est digne de récompense, en d'autres termes que l'homme n'a d'autre règle que l'immoralité !

Quant au châtiment, il est deux fois inique. Inique, en ce que l'homme n'est pas plus responsable de l'imperfection de son intelligence que méritant de sa perfection. L'homme ne se fait pas lui-même ; autrement nul doute qu'il ne se fît plutôt ange que démon. Inique, en ce que le châtiment, si celui qui l'applique n'y a pas intérêt, est odieux ; et quel intérêt Dieu pourrait-il avoir à la souffrance de sa créature ? Le droit que s'arroge la société de punir est juste ; pourquoi ? Parce que la nécessité de sa conservation lui commande d'en user ainsi. Supprimez cette nécessité, supposez que la société n'ait aucun intérêt à la répression pénale, à l'instant cette répression devient monstrueuse. Qu'on réfléchisse à cette idée : celui qui inflige une punition sans y être contraint par la loi de son égoïsme n'est pas un juge, ce n'est pas même un bourreau, c'est un être qui n'existe pas et ne saurait se concevoir.

Et voyez la conséquence, en ce qui concerne l'état social, de la croyance à cette fausse sanction :

La religion transportant hors de la vie mortelle le bonheur ou le malheur, en d'autres termes, l'accomplissement de la destinée humaine, les biens d'ici-bas deviennent indifférents, dangereux même pour notre salut, et leurs attraits périssables ne peuvent que nous détourner de la contemplation des vrais biens. Le plus sûr est donc d'y renoncer, et l'homme fortement pénétré des idées religieuses se détachera autant que possible des préoccupations et des affections terrestres, pour tenir ses regards uniquement fixés vers la cité céleste. C'est ainsi que l'Eglise aura pour idéal individuel le prêtre, le moine, le saint ; pour idéal social, le couvent; c'est ainsi qu'elle tendra à la destruction de l'activité humaine, désormais privée de stimulant, et qu'elle ira jusqu'à sanctifier la mendicité (1).

Dans l'ordre politique, l'Eglise, en tant que dépositaire de la charte divine, et arbitre, par ce dépôt, du salut et de la perdition éternels de l'homme, revendiquera de toute nécessité le gouvernement de la société, et de toute nécessité ce gouvernement sera absolu ; car, de qui prendre conseil quand on est infaillible ? Comment entrer en délibération avec l'erreur, quand on est la vérité (2) ?

---

(1) Béatification de Benoît Labre. — De là cette fausse sentimentalité dont la poésie moderne est infectée en tant d'endroits :

> Donnez, afin qu'un jour, à votre heure dernière,
> Contre tous vos péchés vous ayez la prière
> D'un mendiant puissant au ciel.

Victor Hugo. — (Les Feuilles d'automne.)

Le dépôt de mendicité transformé en vestibule du Paradis ! Quelle belle idée et quelle saine morale !

(2) L'Eglise, disent les catholiques mitigés, ne réclame l'infaillibilité qu'au spirituel. J'avoue ne pas comprendre ce que cela veut dire. L'Eglise a-t-elle, oui ou non, la pré-

L'Eglise règnera donc ; elle violentera l'homme au nom de la justice ; elle le violentera au nom de son salut ; elle propagera son règne par le fer et par la flamme... car ne faut-il pas qu'elle fasse respecter la loi et qu'elle proportionne l'énergie des moyens à l'étendue de la rébellion ? Et quand le progrès des mœurs, quand les révolutions auront entre ses mains éteint la torche et brisé le glaive, elle scandalisera encore le monde par l'iniquité de son despotisme expirant, en même temps qu'elle le fera sourire par l'inflexibilité sénile de ses prétentions. Du reste, son influence survivra à sa domination, les princes étant intéressés à la soutenir. Tous deux ayant à craindre la même révolte, celle du libre-arbitre, de l'esprit d'indépendance, en un mot de la conscience, se prêteront un mutuel appui pour l'étouffer. Le trône se liguera avec l'autel, et ils conspireront ensemble, au nom de l'ordre en ce monde et du salut dans l'autre, la mise en tutelle du genre humain.

En résumé, l'Eglise, et par sa tendance propre au renoncement et par son inclination nécessaire vers le despotisme, contrarie doublement l'action des lois naturelles, et le dernier terme auquel aboutit le droit divin, c'est l'inactivité dans l'individu (1), l'inégalité dans la société, avec leurs co-

tention de connaître de source divine la justice ; partant, de l'enseigner infailliblement ? Oui, j'imagine, ou bien je demande ce qu'elle fait en ce monde. Comment donc ne se jugerait-elle pas infaillible en matière de gouvernement et de législation, puisque les lois ne sont que la justice écrite. Aussi, M. de Maistre et les encycliques sont là pour répondre.

(1) On répondra que le sentiment religieux ne détruit pas l'activité dans l'homme, qu'il l'épure, au contraire, en lui donnant pour mobile la charité au lieu de l'égoïsme. Et on peut citer en preuve les sœurs de Saint-Vincent-de-Paul, les instituts hospitaliers, tels que ceux du Saint-Bernard et

rollaires inévitables : la misère, l'ignorance, la spoliation et le brigandage.

Est-ce que j'exagère? Est-ce que la préoccupation de ma thèse m'égare? Jetez un coup d'œil sur les contrées où l'influence de l'Eglise a pu se développer librement ; voyez l'Espagne, le Mexique, l'Italie..., et jugez de l'arbre par ses fruits !

L'Italie ! oh, sans doute, elle mérite une place à part dans cette nomenclature, et je ne viens point ici me joindre aux détracteurs de ce noble et malheureux pays. J'aime l'Italie passionnément ; je l'aime pour sa beauté, pour son génie, pour sa gloire, pour ses souffrances et pour ses luttes ! Et n'eût-elle enfanté que cet homme vaillant, ce cœur pur que la rancune des gens d'église a qualifié de *héros ridicule*, et que j'appelle moi, Vincent de Paul soldat..... Oui, l'Italie n'eût-elle enfanté que Garibaldi, que j'aimerais en elle la patrie de l'un des plus nobles héros du droit humain! Mais, hélas ! que de traces encore de son avilissement ! L'exploitation, l'improbité, le vol à tous les de-

---

du Simplon, etc. Je reconnais et proclame volontiers le mérite de ces ordres ; j'admire le sacrifice partout où je le rencontre. Aussi je n'entends point nier que les croyances religieuses ne puissent coïncider avec les sentiments les plus nobles, les plus purs, les plus moraux. J'accorde même que l'espoir des récompenses célestes peut, dans certains individus, d'ailleurs doués au plus haut degré de la faculté de sympathie, surexciter le dévouement. Tout ce que je prétends soutenir, c'est que les gens qui font profession de religion sont, *en tant que religieux*, voués à des soins improductifs, bien que ces soins les astreignent parfois à une vie fort dure et remplie des austérités les plus pénibles. Voilà pour les bons ; que dire des mauvais? De ceux pour qui la fainéantise proverbiale des moines est restée une vérité ? Que dire des innombrables couvents d'Espagne, d'Italie, de Sicile ; de ces repaires de mendicité et d'ignorance? A Rome seulement, on compte, je crois, vingt ou trente mille prêtres ou religieux de tout ordre. Tout cela consomme et ne produit rien, c'est-à-dire vit sur le produit du travail des autres. Quel parasitisme effrayant !

grés de la société (1) ! La Sicile, Naples, en proie à
la superstition, au fanatisme, à la guerre sociale,
de toutes les guerres la plus féroce et la plus im-
placable (2) ! Et Rome ! Rome... ! Je l'ai vue, cette
cité des papes, où les ruines seules sont vivantes,
ce berceau du monde moderne qu'on dirait en être
devenu le tombeau ! Là, nul bruit d'industrie humaine ! Nul retentissement d'enclume frappée par
le fer, nul feu rougissant la face énergique du for-
geron, nulle usine, nul atelier aux abords de cette
nécropole... Partout la campagne déserte et dor-
mante... Car le bourdonnement annonce la ruche,
et le silence précède la mort. A l'intérieur, nulle
boutique, ci ce n'est d'amulettes dévotes et de bil-

(1) Passant un jour de Suisse en Italie, je m'aperçus à la
première ville italienne que je n'avais plus mon porte-
monnaie. Conjecturant que je l'avais laissé à mon dernier
gîte, qui était le village suisse le plus rapproché de la fron-
tière, je m'empressai d'y télégraphier, et comme je communi-
quai à l'employé qui recevait ma dépêche le peu de con-
fiance que j'avais dans le succès de mes réclamations : *Vous
pouvez vous rassurer*, me répondit-il ; *si vous avez effectivement
laissé votre porte-monnaie à l'hôtellerie, il vous sera rendu. En
Suisse rien ne se perd; en Italie, c'est différent.* Et, en effet,
deux jours après mon porte-monnaie me fut renvoyé intact
à Milan, sauf un léger prélèvement de 2 francs qu'y avait
fait le maître d'hôtel, pour encourager la probité de la fille
de chambre. Toujours le système de la récompense honnête ; mais on n'est pas parfait.

Sans accorder plus d'importance qu'il ne convient à cette
observation de détail, on ne peut se défendre d'en tirer
cette conclusion, qu'en Suisse la probité est la règle, en Italie
l'exception. Et ce n'est que trop vrai. Qui n'a entendu parler
de la Camorra, cette association fameuse de brigandage,
qui englobait toutes les classes de la société dans l'ancien
royaume napolitain. Ce ne sont pourtant pas les instituteurs
religieux qui ont manqué à ce pays.

(1) Personne ne prend plus au sérieux les fables débitées
par les journaux bien pensants sur le brigandage napolitain.
Tout le monde sait aujourd'hui que la politique y est com-
plétement étrangère, et qu'il n'est autre chose que le résultat
de l'odieux régime social sous lequel ce pays a si longtemps
vécu. Je lisais dernièrement dans la correspondance d'Italie,

lets de loterie. Dans ces rues bordées de sombres demeures, d'églises, de couvents mornes, point de rumeurs travailleuses, point de croisements affairés. Seule, la curiosité cosmopolite s'y promène, guettée et exploitée par la mendicité indigène. Et, comme le haillon appelle l'immondice, l'immondice s'épanouit en cette ancienne capitale de l'univers civilisé..... Et pour tout dire enfin, ce peuple, jadis roi, aujourd'hui ilote, semble n'avoir conservé, pour tout souvenir de son antique grandeur, que la nonchalance taciturne et fière avec laquelle il supporte sa dégradation.

Ne croyez pas, au reste, que le spectacle de cette déchéance attriste tout le monde, ni même qu'il frappe tous les yeux. Pour une foule de gens, Rome n'est pas ce que je viens de vous la dépeindre, une ville morte à tous les travaux, à tous les arts, à tous les progrès de l'esprit humain. C'est une oasis de paix, de tranquillité, de prière. Ce peuple en guenilles, prosterné sur le passage de quelque grossière idole (1), ou usant ses genoux sur les marches de l'escalier saint (2), cela les pénètre d'attendris-

---

très-sincère et très-exacte, que publie le journal le *Temps*, sous la signature *Erdan*, que, grâce à la grande propriété, le journalier des provinces napolitaines ne peut pas gagner plus de douze sous par jour. C'est pourquoi il se fait brigand, et l'escopette à la main rétablit l'égalité.

(¹) Le Bambino, par exemple, informe statuette de bois, qui est censée représenter l'Enfant-Jésus, et que l'on porte chez les grands personnages en danger de mort. J'ignore la légende du Bambino ; tout ce que je sais, c'est qu'il jouit de la première réputation miraculeuse de Rome, où il y a pourtant beaucoup de concurrence en ce genre; ce qui lui attire des dons fabuleux en argent, pierreries, bijoux, etc. C'est une des idoles de la catholicité les plus à leur aise.

(²) Escalier de la maison de Pilate à Jérusalem. Comment s'est-il trouvé transporté à Rome? C'est un miracle, sans doute. On ne monte cet escalier qu'à genoux. Les genoux ont usé la pierre, et on a dû y superposer des marches de bois, ce qui, du reste, n'a en rien diminué l'empressement des fidèles à cette pénible ascension.

sement, les touche d'un ineffable émotion. Il n'est
pas jusqu'à cette malpropreté,

> ..... *Puisqu'il faut l'appeler par son nom,*

dont s'offusquent tous les regards non prévenus, qui
ne trouve ses panégyristes Pourquoi non ? Toutes
les erreurs se tiennent et s'engendrent. Dès qu'on
fait profession de mépriser la matière, comment ne
pas mépriser les soins par lesquels il nous est
donné de la purifier et de l'embellir ? Pour parvenir
à ce dernier terme du détachement, il ne faut qu'un
peu de logique, et il ne faut qu'un peu d'intrépidité
pour s'en vanter. Voulez vous un exemple de l'un et
de l'autre ? Un des champions en ce moment les
plus notoires de la doctrine catholique va vous le
fournir ; un écrivain qui a toutes les audaces et qui
offre tous les contrastes, qui est presque une
puissance, et qui, assurément, est une curiosité,
qui assaisonne les litanies avec les épices de Rabe-
lais et coud aux idées du catéchisme romain le
style du catéchisme poissard... Vous avez déjà
nommé l'illustre auteur du *Parfum de Rome* et des
Odeurs de Paris, M. Louis Veuillot. En lui, l'ordure
a trouvé son poète. Je dis poète, bien que M. Veuillot s'exerce le plus ordinairement en prose ; mais
si la rime manque, en revanche le lyrisme abonde
dans l'incroyable morceau que voici, extrait des
Odeurs de Paris :

« Vous trouvez que les rues de Rome, non-seu-
lement pèchent contre l'alignement, mais encore
sont mal tenues... J'avoue qu'on rencontre parfois
dans Rome des épisodes à la Téniers, qui sont
moins fréquents dans les rues de Paris. Le jour où
l'on pourra faire, dans la rue de Rivoli, ce qui vous
indigne dans les rues de Rome, la rue de Rivoli

paraîtra moins propre, mais le monde sera sauvé...
En compensation de cette petite ordure que la liberté peut être nous rendra, que d'ordures auront disparu !...

« Nous sommes devenus un peuple fort propret, nous avons pris le pli de la propreté. Or, il n'y a que les peuples négligés sur cet article qui aient empire sur eux-mêmes ; ils ont le même empire sur le monde.

« L'empire appartient aux peuples malpropres. Je me contente d'énoncer cette grande vérité politique. Je pourrais la démontrer ici historiquement ; mais le développement nous mènerait trop loin. L'axiome suffit à un esprit de trempe supérieure. *Intelligenti pauca.*

« Remarquez que tous les amants de la propreté sont faibles. Et cela doit être. Quoi qu'ils prétendent, le corps humain est fait de saleté. Dieu le tira de la boue ; naturellement il ne peut trouver de force que dans ses principes constituants.

« Mais feignant de croire, comme dit *l'autre,* qu'il est né de sa propre puissance, qu'il est maître, ce stupide corps renie son origine et se vautre dans toutes les propretés imaginables, ce qui l'énerve et le tue...

« Les Moscovites se flattent de prendre l'empire du monde, et la chose aurait lieu que je n'en serais pas étonné. Ce triomphe ne dépend pas de leur progrès dans la civilisation, mais de la force et de la durée de leur goût pour le suif de chandelle.

« Ce sont les Moscovites qui vaincront le monde, non les Russes. Les Russes parlent français, font des livres, trichent aux cartes et jouent du piano ; ils n'iront pas loin. Mais les vrais Moscovites, les moujiks, ceux qui mangent de la chandelle, ceux

qui oignent de suif et d'huile rance leur barbe
et leurs cheveux ; voilà les vainqueurs du monde.
Les hommes frottés de suif et d'huile rance doivent manger les hommes frottés de benjoin et
d'eaux de senteurs. »

Je ne sais trop ce que M. de Maistre, gentil-
homme et homme de cour, pourrait penser de ce
commentaire imprévu de sa doctrine. Je doute fort
qu'il poussât l'orthodoxie jusqu'à partager cet en-
thousiasme pour les cosmétiques usités à Moscou,
encore qu'il fût ambassadeur en Russie. Quant à
ce le de M. Veuillot, il n'est pas possible de la
nier ; elle a été certifiée par le pape lui-même, dans
une circonstance mémorable (1) ; et quoi qu'en
puissent penser et dire les gens raisonnables, il
n'en est pas moins avéré qu'il est le porte-drapeau,
tout au moins le tambour-major du bataillon des
philosophobes, et que ses homélies de *haulte graisse*
donnent le ton, pour le fond des idées, sinon pour
la forme, à la polémique de MM Dupanloup, Plan-
tier et consorts.

Mais laissons ces excentricités malséantes qui,
par bonheur, ne risquent pas de devenir conta-
gieuses, et hâtons-nous vers le terme de cette
étude.

J'ai démontré la fausseté du dogme des récompenses et des peines, soit par le raisonnement di-
rect, soit par l'examen de ses conséquences socia-

____

(1) Sa polémique avec M. Dupanloup, à propos de l'enseignement des auteurs païens. M. Veuillot soutenait que cet
enseignement devait être proscrit comme funeste, anti-
chrétien, anti-moral. M. Dupanloup, qui peut-être est légè-
rement frotté de benjoin, demandait grâce pour Virgile et
quelques autres. Pie IX, invoqué comme arbitre par M. Veuillot, donna tort à M. Dupanloup.

les. Reste à déterminer la véritable sanction de la loi morale. Cette détermination est contenue tout entière dans ce que j'ai dit tout à l'heure de la nature de l'homme

J'ai dit, vous vous en souvenez, que ce q'il faut entendre par *liberté* dans l'homme, c'est la direction de sa volonté par son intelligence dans le sens de son bonheur, ou de ce qui lui paraît être son bonheur; car il ne se peut concevoir qu'un être se meuve et agisse en vertu d'une impulsion autre que son bonheur; que, par conséquent, à supposer que ce but fût toujours visible pour l'homme, il ne pourrait se dispenser d'y tendre; mais que son intelligence étant bornée, soumise à l'erreur, il est sujet à s'écarter de la voie de son bonheur, alors qu'il croit y marcher; que l'expérience intervient pour l'y ramener; qu'ainsi le perfectionnement de l'intelligence et le perfectionnement de la moralité, sont une seule et même chose, et qu'à une intelligence sans limites, correspondrait nécessairement une moralité sans défaillances.

Vous vous rappelez, d'autre part, que la sanction d'une loi est ce qui en assure l'exécution. Or, l'exécution de la loi morale et son intelligence étant identiques, l'expérience qui assure l'une assure l'autre également; d'où il résulte, en définitive, que la sanction de la loi morale est la leçon que nous donne l'expérience, pour ramener notre intelligence à la connaissance de notre loi quand nous l'avons méconnue.

Et cette leçon, quelle est-elle? Pas autre que le bonheur ou le malheur; de même que la santé ou la maladie est celle qu'elle nous donne pour nous maintenir dans l'observation, ou nous avertir de la violation des lois de notre organisme physique.

Je sais, messieurs, que c'est là que l'on m'attend.

Eh quoi ! me dira t-on, prétendez-vous que les biens
de ce monde, la fortune, le pouvoir, les jouissances,
tout ce qui rend la vie facile et attrayante, et ce qui
fait le but de l'ambition des hommes soit le partage
de ceux qui respectent la justice ; que la misère, la
peine, les privations échoient à ceux qui se font un
jeu de sa violation ? Si vous le croyez, philosophe
naïf, jetez un regard sur le monde et vous serez
désabusé. Si vous ne le croyez pas, comment con-
ciliez vous les étranges caprices du sort avec votre
prétendue sanction ?

L'objection est banale, mais elle n'est que confusion de mots et la réponse y es facile. Cette
réponse, il y a longtemps que le bon sens populaire
l'a faite en formulant ces axiomes vulgaires : *La richesse ne fait pas le bonheur ; contentement passe
richesse*. J'ai lu quelque part la même pensée, ex-
primée en ces termes humoristiques : *Je crois bien
qu'un gondolier est plus heureux qu'un doge ; mais
la différence est si peu de chose, qu'elle ne vaut pas
la peine q l'on y regarde*. Je sais l'abus qu'on peut
faire des maximes, et en particulier de celles ci.
Elles n'en contiennent pas moins, entendues comme elles doivent l'être, la vraie théorie du
bonheur. Les biens de fortune ne sont rien par
eux-mêmes qu'un instrument ; bon, si on l'u-
tilise pour le bien ; funeste, si l'on s'en sert pour le
mal ; comme toutes choses en ce monde, que nous
rendons nous-mêmes bienfaisantes ou nuisibles
par le but auquel nous les employons Nous ne
sommes pas heureux par la richesse, mais nous
pouvons l'être par l'usage que nous en faisons ;
cela suffit pour nous la rendre souhaitable, et ne
croyez pas que je me targue, à son endroit, d'un
stoïque mépris Pareil dédain n'est, en général, que
rhétorique ou affectation ; sincère, il serait funeste.

La fortune a cela de beau qu'en nous affranchissant de la dure nécessité du travail matériel, elle nous permet de cultiver et de développer nos plus nobles facultés ; la passion des sciences, des arts, des découvertes ; l'amour du vrai, du beau, de l'utile ; surtout de nous procurer l'ineffable jouissance de faire le bien ; et alors même qu'elle ne nous servirait à rien de tout cela, elle aurat encore le mérite de nous arracher à la plupart des tentations qui conduisent au mal. Mais elle a aussi ce danger qu'elle offre un aliment à la satisfaction de nos passions mauvaises, et qu'elle nous entraîne par le raffinement de la sensualité, par l'abus des plaisirs, par la dépravation de notre nature physique, loin du but de notre félicité Enrichissons-nous donc, si nous le pouvons honnêtement ; mais n'oublions pas que la richesse séparée de la moralité n'est rien, qu'un genre de misère substitué à un autre, l'énervement du désir succédant à son aiguillon, et la satiété mise à la place de la privation.

La vraie, l'unique source de félicité pour l'homme, c'est l'accomplissement de sa loi, la satisfaction de sa conscience, cet état d'épanouissement intime que je ne puis, encore une fois, mieux comparer qu'à la plénitude de la santé physique. Cette félicité, il faut bien le remarquer, ne soustrait pas le juste à l'empire du malheur, en tant que provenant des causes extérieures et accidentelles. La ruine peut l'atteindre dans sa prospérité ; les maladies et la mort le frapper dans sa personne ou dans celles des êtres qui lui sont chers, le vaisseau qui le porte peut sombrer corps et biens... Il n'y a rien à cela de juste ni d'injuste ; il n'y a que l'accomplissement des lois générales de la nature. De même, il peut souffrir de l'injustice des hommes. Il peut être opprimé, persécuté, trahi..., qu'importe à la sanction ?

Sans doute, l'acte par lequel Jésus est condamné à périr sur la croix est inique et barbare ; mais dans le fait même de Jésus mourant sur la croix ; dans la relation qui existe entre son dévoûment et sa mort, il n'y a pas plus d'injustice qu'il n'y en a à ce qu'un homme, qui se jette dans le feu, pour en retirer son semblable, soit dévoré par les flammes. L'injustice comme l'incendie, est un fait, un accident ; il faut réprimer l'une et étouffer l'autre. Mais ni l'injustice, ni l'incendie, n'infirment, en quoi que ce soit, la sanction ; elles la confirment, au contraire, de la manière la plus éclatante ; puisque dans l'un et dans l'autre cas, l'homme éprouve, par l'accomplissement de sa loi, une félicité si haute, qu'il n'hésite pas à lui faire le sacrifice de sa vie.

Cette idée du bonheur, par la satisfaction de la conscience, est un lieu commun de morale trop rebattu pour qu'il soit nécessaire d'y insister. Je veux seulement mettre sous vos yeux un tableau qui en sera l'éloquent commentaire ; c'est celui de la mort d'un juste, d'un juste comme je l'entends, d'un juste selon le droit humain. Je l'extrais des œuvres d'un écrivain, dont on a fait de son vivant une sorte de loup garou et de croquemitaine, et qui ne justifie guère autrement ce renom d'épouvantail que par les formules, souvent incompréhensibles, dont il a hérissé des idées, la plupart du temps communes et courantes, les propres idées *d'un notaire limpide*, selon l'expression de M. Veuillot, à qui, on vient d'en juger, la limpidité est particulièrement odieuse. Cet écrivain est J. Proudhon. Ecoutez-le racontant la mort de son père. Ici ce n'est pas le philosophe qui disserte en patois métaphysique, c'est l'homme de sens sain et clair, parlant la langue des bonnes gens :

« Mon père, à soixante-dix ans, épuisé par le travail, en qui la lame, comme on dit, avait usé le fourreau, sentit tout à coup que sa fin était venue. Jamais, je dois le dire, je ne remarquai en lui une parole, un geste, qui témoignât d'impiété pas plus que de dévotion. Il ne priait et ne blasphémait point tout entier à ses affaires, n'attendant rien que de son travail et n'importunant de ses sollicitations ni le ciel ni les hommes. Quelquefois, aux grandes solennités, je l'ai vu faire comme tout le monde, aller à la messe ; il s'y ennuyait, n'y comprenant rien, aussi étranger à la chose qu'un sourd-muet. Si le prêtre montait en chaire, il n'y tenait plus, et sans rire ni faire aucune réflexion, il sortait vite. A coup sûr, le poids de ses dévotions était léger.

« Le jour de sa mort, il eut, chose qui n'est pas rare, le sentiment arrêté de sa fin. Alors il voulut se préparer pour le grand voyage, et donna lui-même ses instructions. Les parents et les amis sont convoqués ; un souper modeste est servi, égayé par une douce causerie. Au dessert, il commence ses adieux, donne des regrets à l'un de ses fils, mort dix ans auparavant, mort avant l'heure. J'étais absent pour le service... de la famille. Son plus jeune fils, prenant mal la cause de son émotion, lui dit : « Allons, père, chasse ces tristes idées ; pourquoi « te désespérer ? N'es-tu pas un homme ? Ton heure « n'a pas encore sonné. »

« — Tu te trompes, réplique le vieillard, si tu t'imagines que j'ai peur de la mort. Je te dis que « c'est fini, je le sens, et j'ai voulu mourir au milieu « de vous. Allons, qu'on serve le café... — Il en « goûte quelques cuillerées. — J'ai eu bien du mal « dans ma vie, dit-il ; je n'ai pas réussi dans mes « entreprises (l'innocent !), mais je vous ai aimés « tous, et je meurs sans reproche. Dis à ton frère

« que je regrette de vous laisser si pauvres, mais
« qu'il persévère... »

« Un parent de la famille, quelque peu dévot,
croit devoir réconforter le malade en disant comme
le catéchisme : Que tout ne finit pas à la mort ;
que c'est alors qu'il faut rendre compte, mais que
la miséricorde de Dieu est grande...

« — Cousin Gaspard, répond mon père, je ne
« sais pas ce qu'il en est, et je n'y pense aucune-
« ment. Je n'éprouve ni crainte ni désir ; je meurs
« entouré de ce que j'aime ; j'ai mon paradis dans
« mon cœur. »

« Vers dix heures il s'endormit, murmurant un
dernier bonsoir ; l'amitié, la bonne conscience,
l'espérance d'une destinée meilleure pour ceux
qu'il laissait, tout se reunissant en lui pour donner
un calme parfait à ses derniers moments. Le len-
demain, mon frère m'écrivait avec transport : *Notre
père est mort en brave !* »

Je ne sais si nous sentons à l'unisson ; mais
quant à moi, cette calme assurance devant la mort,
cette douce et modeste intrépidité me touchent autrement que l'humble contrition et l'anxiété supers-
titieuse du chrétien à ses derniers moments.

Ainsi, l'homme juste est heureux. J'ajoute que
l'homme injuste est malheureux.

De même que la loi accomplie s'atteste par la
satisfaction intime, de même la loi violée s'atteste
par un tourment intime qui est le remords, et qu'on
peut caractériser en disant qu'il est un combiné de
ce que la honte a de plus amer avec ce que la com-
passion a de plus poignant. L'être sensible pleure
sur le mal qu'il a fait ; l'être déchu de sa dignité se
méprise lui-même, et, par une juste compensation,
il ne rentrera en possession de sa propre estime

que le jour où il s'élèvera autant au-dessus de sa loi par le dévouement, qu'il s'était laissé choir au dessous par le crime.

Je ne veux point refaire ici au sujet du remords les effrayantes peintures que vous connaissez tous : ce reproche incessant de notre conscience, que rien ne peut endormir ; ce fantôme de notre faute, qui s'attache à nos pas durant le jour, veille à notre chevet durant les nuits... Je me borne à énoncer cette incontestable vérité, que de toutes les tortures morales que l'homme peut souffrir, il n'en est point d'aussi terrible que le remords.

Que si l'on m'objecte qu'il ne se manifeste pas avec une égale intensité chez tous les hommes... Comment en serait-il autrement?.. Puisque, tous les phénomènes moraux étant le produit d'une même faculté, la conscience, nécessairement augmentent ou diminuent d'énergie selon l'énergie même de cette faculté. Mais que conclure de là, si ce n'est, comme je l'ai dit plus haut, que l'homme, soit sous le rapport du type physique, soit sous le rapport de la conscience, confine par des dégradations successives à l'animalité pure, dont il est difficile de le distinguer sur la lisière qui l'en sépare. Soutenir qu'un homme est heureux parce qu'il est exempt de remords au sein du crime, ce serait soutenir qu'il est heureux par ce qui le ravale au rang de l'animal. Que peut avoir de commun la brute repue avec le bonheur, suprême épanouissement de la dignité humaine! Cet homme, si toutefois il existe, n'a même pas la tranquille possession du fruit de son iniquité ; car la conscience générale, au défaut de la sienne, intervient pour la lui ravir ou pour la lui faire expier. Elle intervient par l'action des lois, par l'opprobre, qui frappe là où les lois ne peuvent pas atteindre, par toutes les blessures que le mépris de ses semblables peut infliger à l'homme vivant en société, quelque élevé qu'il soit au-dessus d'eux ; et parfois à des attentats éclatants, elle réserve ces mémorables et tragiques sanctions dont les exemples remplissent l'histoire.

Ainsi, la loi est certaine, la sanction est assurée ; l'homme est en possession de sa règle, et le problème que je m'étais posé se trouve résolu.

Je veux, en terminant, en déduire trois conséquences qui comprennent, dans leur simple énoncé, toute la constitution de la société :

D'abord, la *Liberté :*

L'homme est assujetti dans ses rapports avec ses semblables à la règle du *Droit*. En dehors de cette règle il est souverain et sa volonté n'a de limite que sa puissance. *La liberté n'est donc autre chose que la souveraineté de l'individu limitée par le droit* (1). A l'Etat le soin de faire respecter le droit ; à l'individu la faculté d'agir, de parler, d'écrire selon sa volonté et même son caprice, sous la seule condition de respecter le droit.

En second lieu, l'*Egalité :*

Non cette égalité qui serait la plus criante des injustices et qui consisterait à assurer à chacun une égale somme de biens et de jouissances en échange d'une somme d'efforts et de services nécessairement inégale ; mais la garantie semblable pour chacun du fruit de son intelligence et de son travail, en d'autres termes, le respect du droit imposé à tous sans exception. Par là, vous voyez combien est vaine et dépourvue de sens la distinction que l'on

(1) M. Proudhon définit la liberté : *La puissance de collectivité de l'homme.*
Jargon, jargon, que me veux-tu ?

fait parfois entre la liberté et l'égalité. Point de liberté sans égalité, puisque l'inégalité n'est que l'extension du droit des uns au détriment du droit des autres, c'est-à-dire de leur liberté. Point d'égalité sans liberté ; car le défaut de liberté chez les uns implique l'excès de liberté chez les autres, c'est-à-dire l'inégalité. Liberté ! Egalité ! Termes identiques, inséparables !... C'est la gloire de la véritable démocratie française de ne les avoir jamais séparés.

Enfin, la *Souveraineté nationale :*

L'individu étant souverain, comme je l'ai posé, qui sera chargé de prononcer entre les divergences individuelles ? Qui décidera le droit ? Qui fera la loi ? Le nombre, c'est-à-dire la souveraineté nationale, nécessairement inaliénable, à peine de n'être plus la souveraineté. Le nombre fera la loi, non parce qu'il est le nombre, mais parce que sa décision est censée le verdict même de la justice, et que, si l'on ne s'arrête à cette convention, la société est impossible. Mais ne l'oublions pas, le nombre n'est pas plus infaillible que l'individu, le tout n'est pas autre que la partie ; et le *vox populi vox dei*, n'est que le droit divin transporté à la multitude. Or, il n'y a pas de droit divin, il n'y a pas de droit du nombre différent de celui de l'individu; cent mille consciences ne peuvent pas plus en opprimer une seule qu'une seule ne peut en opprimer cent mille; et si, par impossible, la justice à un jour donné n'avait d'asile que dans le cœur d'un seul homme, cet homme n'en serait pas moins en droit d'affirmer jusqu'à son dernier soupir l'inviolable souveraineté de la conscience en sa personne et de répondre comme le poète au brutal argument du nombre :

Moi ! moi, dis-je, et c'est assez !

Si, en fait, la justice est violée, il n'importe que ce soit par la majorité ou par la minorité, dans les deux cas il y aura trouble, malaise, oppression. Tant que le désordre sera à la rigueur supportable, le plus souvent on transigera en vertu de l'axiome du palais que *mieux vaut une mauvaise transaction qu'un bon procès ;...* s'il s'aggrave au point de devenir intolérable, il y aura tyrannie, révolte, guerre civile, réaction... et souvent, hélas ! la réaction deviendra tyrannique à son tour. La société oscille ainsi, semblable à une balance, entre des injustices opposées. Le jour où le fléau serait en équilibre, ce serait la paix, la concorde, la justice... le rêve des sages ! Que dis-je, messieurs ! Ne croirait-on pas plutôt, au train dont va le monde, que c'est le rêve des fous ?...

Glorieuse folie dans tous les cas, qui devient la sagesse des siècles ; car notre patrimoine de justice et de liberté, patrimoine, hélas ! précaire, souvent diminué et toujours contesté, ne se compose que des conquêtes du DROIT HUMAIN sur le DROIT DIVIN.

Impr. Ve Chanoine, Lyon.